OBSERVATIONS

SUR L'OPÉRATION

DU REMBOURSEMENT AU PAIR

PAR GUSTAVE D'EICHTHAL.

PARIS,

IMPRIMERIE D'ÉVERAT ET COMPᵉ,

RUE DU CADRAN, 16.

MARS 1838.

OBSERVATIONS

SUR L'OPÉRATION

DU REMBOURSEMENT

AU PAIR.

Les créances publiques peuvent être constituées sur un principe de perpétuité, ou sur un principe d'extinction. Dans le premier cas, les annuités accordées par l'état sont déclarées perpétuelles ; elles ne sont susceptibles ni de remboursement, ni de réduction. Dans le système opposé, les mêmes annuités sont déclarées rachetables ou réductibles, suivant un certain tarif et à certaines époques.

La Russie est jusqu'ici le seul état qui ait adopté le premier système, et déclaré sa dette perpétuelle et non remboursable ; toutes les autres nations ont admis le principe d'extinction de la dette, et l'ont mis en pratique à l'aide de diverses combinaisons.

Financièrement parlant, on ne peut pas dire qu'aucun des deux systèmes mérite la préférence sur l'autre. Une rente perpétuelle se vend, en général, et toutes choses égales d'ailleurs, plus cher qu'une annuité temporaire et *vice versâ*. C'est la prédilection du public pour l'une ou l'autre de ces espèces de valeurs, et plus encore la considération des intérêts moraux et politiques engagés dans la question, qui doivent déterminer le choix du gouvernement, et faire préférer l'un ou l'autre système.

Le *remboursement au pair* n'est lui-même qu'un mode particulier de réduction de la dette. En vain on essaiera de déguiser sa véritable nature sous un ensemble de formalités plus ou moins compliquées, plus ou moins gênantes, en vain on essaiera de démontrer aux rentiers qu'ils sont libres d'accepter ou de refuser la réduction qu'on leur propose ; cette liberté ressemble tout à fait à celle que Napoléon donnait aux Français, de confirmer ou de repousser par leurs votes son élection à l'empire. On ne demande le consentement des rentiers que quand on se croit certain qu'il ne pourra être refusé ; remboursement au pair, s'il veut dire quelque chose, veut dire réduction. Seulement, il faut bien le reconnaître, de tous les modes imaginables de réduction, c'est le plus incommode. Toutes les autres combinaisons habituellement usitées, annuités décroissantes, annuités à terme, annuités viagères, sont simples, précises, d'une exécution facile. Elles ne laissent aux rentiers ni à l'état aucun doute sur l'étendue de leurs droits et de leurs obligations ; tandis qu'avec le remboursement au pair, le taux, l'époque, le droit même de la réduction restent plus ou moins dans le vague, et à chaque fois que l'occasion se présente de renouveler l'opération, elle ne peut se réaliser qu'à la suite d'une sorte de bataille, de prise de corps entre l'état et les rentiers.

Pour comprendre comment une combinaison aussi maladroite a pu obtenir la préférence sur d'autres plus expéditives et plus simples, il faut se reporter aux circonstances qui ont accompagné l'établissement des grandes dettes publiques, à la fin du dernier siècle et au commencement de celui-ci. A cette époque les gouvernements se trouvèrent placés entre deux tendances contraires, tiraillés en deux sens opposés, par les partisans du système de perpétuité et par ceux du système d'extinction. Les capitalistes acquéreurs de créances sur l'état montraient une prédilection marquée pour les annuités perpétuelles et rejetaient les annuités à terme (1). Ainsi, à l'époque dont je parle, la disposition du public financier poussait l'état à la

(1) Celles-ci ne pouvaient se négocier qu'avec de très-grands sacrifices ; tellement qu'il fallut y renoncer. On trouvera des détails étendus sur ce sujet dans la note sur le *Remboursement au pair*, que j'insère à la fin de ces Observations, et dans laquelle je rapporte les témoignages d'Adam Smith, de M. Herries et de M. Laffitte, sur la défaveur attachée aux annuités à terme en France et en Angleterre ; j'ai cité aussi quelques autres faits empruntés à l'histoire financière de notre temps.

création d'annuités perpétuelles. D'un autre côté, la prévoyance politique se révoltait à l'idée d'une masse d'engagements imposés à l'état, pour une durée indéfinie, susceptible de s'accroître, le devant même suivant toutes les probabilités, tandis qu'elle ne pourrait subir aucune diminution. Cette inquiétude, si elle était particulièrement ressentie par les hommes d'état, agissait aussi sur les capitalistes; en sorte que ceux-ci se trouvaient placés entre leurs prédilections financières et leurs craintes politiques; et si les annuités perpétuelles leur convenaient, sous le rapport de la négociation, ils tenaient à se conserver la garantie d'un remboursement, dont la perspective était d'ailleurs nécessaire à la prospérité du crédit public.

Satisfaire à ce double besoin, à cette double exigence, n'était pas chose facile. Le problème fut cependant résolu, grâce aux fameuses combinaisons de l'*amortissement* et du *remboursement au pair,* qui ont joué un si grand rôle dans le développement du crédit public. Ces combinaisons offraient le précieux avantage de consacrer en *théorie* le principe d'extinction de la dette publique, de fournir même, toujours en *théorie,* des moyens extrêmement puissants d'opérer cette extinction; tandis qu'*en fait* elles laissaient la plus grande latitude au principe de perpétuité, et fournissaient aux capitalistes qui désiraient conserver la possession tranquille de leurs annuités toute sécurité à cet égard.

Le principe du *remboursement au pair* assurait, il est vrai, à l'état la faculté de réduire, dans le cas d'une baisse d'intérêt, les avantages accordés à ses créanciers, et de diminuer ainsi progressivement la masse de ses engagements. Mais on trouva moyen d'annuler pour longtemps l'effet de cette disposition, en établissant *fictivement* le taux du *pair*, c'est-à-dire en négociant du 4 et du 3 pour 100, alors que l'intérêt des fonds publics était à 5. On put ainsi, grâce à cette fiction, laisser indéterminée et reculer fort loin l'époque où le *pair* serait atteint, et où la réduction s'effectuerait (1). Jusqu'à ce que cette époque fût arrivée, le rentier put dormir tranquillement sur ses coupons.

L'amortissement surtout avait *en théorie* une vertu merveilleuse pour éteindre la dette publique. Suivant la conception de Price, il n'était point de dette, si effrayante qu'elle fût, qui ne dût être absorbée en trente-six ans par un amortissement égal à 1 pour 100 de sa valeur primitive, et agissant à intérêt composé. La formule de Price leva tous les scrupules des hommes d'état et des particuliers ; on se jeta à

---

(1) Par suite de ce système, l'histoire financière de l'Angleterre ne présente encore que trois opérations de remboursement au pair, en 1749, 1822 et 1854. La première fut d'un onzième, la deuxième et la troisième d'un vingt-cinquième environ de la somme totale des rentes existantes.

corps perdu dans les emprunts, sûr de s'en tirer sain et sauf par la recette du docteur. Jamais indulgences des papes ne mirent des pécheurs tant à l'aise.

Toutefois l'action de l'amortissement était *en pratique* tout le contraire de ce qu'elle s'annonçait être en *théorie*. En *théorie* elle devait produire l'extinction rapide de la dette; *en pratique*, elle en favorisait au contraire la perpétuité. Price avait, il est vrai, imposé au gouvernement l'obligation d'acheter; mais il avait dispensé le rentier de celle de vendre; celui-ci pouvait donc conserver, aussi longtemps qu'il le voudrait, les titres dont il était porteur, et les transmettre même, s'il lui plaisait, à ses petits-enfants, et arrière-petits-enfants. Bien plus, l'action de l'amortissement était condamnée à ne se pouvoir prolonger au-delà d'une certaine limite. Une demande continue, croissante, de la part du gouvernement, en présence d'une offre de plus en plus restreinte de la part des vendeurs d'annuités, devait bientôt élever celles-ci à des prix sans rapport avec leur valeur réelle, à de véritables prix de fantaisie. C'est ce qui n'a pas tardé à arriver en France et en Angleterre, et a obligé les financiers dans ces deux pays de suspendre et d'atténuer de plus en plus l'action de l'amortissement.

Le grand mérite des combinaisons de l'amortissement et du remboursement au pair est donc d'avoir été une sorte de transaction et de juste-milieu, entre le système de perpétuité et celui d'extinction , quelque chose de mixte, de bâtard , d'équivoque ; de transitoire, qui avait le mérite de ne rien résoudre nettement, quant à la question de permanence ou de réductibilité de la dette. Sous ce rapport, il faut convenir que ces deux combinaisons ont parfaitement bien rempli le but auquel elles devaient servir. Elles ont fait accepter aux capitalistes, d'une part en servant leurs convenances, de l'autre en dissipant leurs appréhensions, les masses énormes d'effets publics qu'il a fallu mettre en circulation ; et d'un autre côté, elles ont réservé à l'état le droit et la faculté d'extinction, qu'elles avaient cependant servi à tenir dans l'ombre.

Toutefois, si leur action a été fort utile pour aider à l'installation et au développement du crédit public, leur influence est au contraire fâcheuse, aujourd'hui qu'il s'agit de régulariser et de constituer définitivement ce système. Elles entretiennent le vague et le provisoire qui règnent encore dans les relations de l'état et des rentiers ; elles empêchent qu'on n'aborde franchement et en face les grandes questions du système de crédit public ; qu'on ne reconnaisse positivement les inconvénients et les avantages de cette institution , qu'on ne fixe le rôle qu'elle est appelée à jouer dans l'organisation sociale, et les conditions de forme et de durée qu'elle doit revêtir.

Il est vrai qu'en France et en Angleterre on est bien près d'en finir avec l'amortissement. Il y a quelques années, il était encore bon de réfuter les singulières élucubrations du docteur Price, au sujet des merveilles de l'intérêt composé ; aujourd'hui cela n'est plus nécessaire. Les Anglais ont déclaré qu'à l'avenir ils voulaient purement et simplement appliquer au rachat de la dette l'excédant des recettes sur les dépenses, toutefois jusqu'à concurrence de cinq millions sterling, et sauf la faculté de consacrer cet excédant, lorsqu'il existe, à des dégrèvements d'impôts, ou à tout autre emploi qu'on jugera convenable. En France, nous avons adopté un parti assez semblable au fond ; mais nous avons usé d'un peu plus d'artifice quant aux formes. Nous laissons intact le chiffre de cette allocation du budget, que nous sommes convenus d'appeler *revenu de l'amortissement;* mais nous n'appliquons au rachat des différentes natures de rentes les fonds qui s'y trouvent affectés sur le papier, qu'autant que ces rentes sont au-dessous du pair. Les sommes non employées sont mises en réserve, *toujours pour le compte de l'amortissement;* mais, en réalité, c'est au besoin du service public que ces réserves sont affectées. Si des occasions de dépenses extraordinaires se présentent, et qu'il faille emprunter, les réserves de l'amortissement fournissent les premiers fonds de l'emprunt : si ces occasions ne se présentent pas, nous les faisons naître et nous appliquons les réserves de l'amortissement, par exemple, à des travaux publics. Seulement nous donnons à l'amortissement (être de raison, si jamais il en fut) des rentes, en échange de ses réserves, et nous lui allouons l'intérêt des sommes qu'il nous prête, sauf à employer ensuite l'intérêt de ces réserves , comme nous avons employé les réserves elles-mêmes. Je disais tout à l'heure que nous n'avions plus à réfuter les rêveries du docteur Price; je commence à croire que j'avais tort Si le docteur Price revenait, il nous prouverait , nos comptes à la main, que nous avons un fonds d'amortissement, qui s'accroît avec toute la puissance de l'intérêt composé ; et si nous lui répondions que ce fonds n'a pas plus *d'existence physique* que certain *bureau de renseignements* cité l'autre jour à la chambre des députés par M. le comte Jaubert, il nous demanderait sans doute pourquoi nous en conservons le compte au budget. Je ne sais, pour ma part, ce que nous pourrions convenablement répondre à sa question.

Tous ces virements et revirements au compte de l'amortissement constituent sans doute un système de comptabilité fort compliqué et qui exige , de la part des teneurs de livres du Trésor, beaucoup de travail et d'habileté: c'est un système presque aussi embrouillé et aussi ingénieux que les cycles et les épicycles accumulés les uns sur les autres par les

astronomes grecs et arabes, avant l'adoption du système de Copernic. C'est une espèce de joujou très-
compliqué et ouvragé comme ces boules creuses
d'ivoire contenues les unes dans les autres, que les
Chinois fabriquent avec une habileté si remarquable ; mais, après tout, ce jeu n'est pas si innocent
qu'on pourrait le croire ; il offre l'inconvénient réel
et grave de fausser, sur un point très-important
d'économie sociale, le bon sens public, et d'entre-
tenir des préjugés qui peuvent opposer de fâcheux
obstacles aux améliorations que l'on voudra quelque
jour introduire. Il est en outre beaucoup plus coû-
teux qu'on ne le suppose communément (1).

Nous sommes arrivés, depuis la loi de M. de
Villèle, en 1855, à déclarer que l'amortissement ne
devait opérer sur les effets publics qu'au-dessous
du taux du pair. Pourquoi ne pas ajouter mainte-
nant, à l'exemple de l'Angleterre, qu'en tout cas,
l'allocation de l'amortissement ne pourra consister
que dans l'excédant réel des revenus sur les dépenses ? y a-t-il donc inconvénient à rentrer, en fait
de crédit public, dans un système de simplicité et
de vérité.

Voilà pour l'amortissement ; quant au *remboursement au pair*, il faut aussi le régulariser, le dé-
pouiller des fictions, des incertitudes et des diffi
cultés qui contrarient sa réalisation en France de-

<hr>

(1) Voyez la note. II.

puis bientôt quinze ans, et qui peuvent, après même
que l'on sera parvenu cette fois à en triompher,
susciter de nouveau, si la baisse de l'intérêt provo-
que, dans quelques années, le renouvellement de
l'opération, le retour des mêmes embarras.

En fait comme en droit, le remboursement, ra-
mené à ses termes les plus simples, à son expression
véritable, veut dire réduction; c'est la réduction que
le gouvernement demande, c'est la réduction contre laquelle les rentiers se débattent. Tout le reste
n'est que des entraves mises à la réalisation de
l'opération, et qui, sans offrir une garantie impor-
tante aux rentiers ; sont une cause d'embarras très-
graves pour l'état.

Je pense que ce sont ces conditions de la réduction qu'il importe de préciser et de mieux fixer aujourd'hui, et il y a mille manières d'y arriver.

Par exemple, si l'on voulait que la réalisation de
la réduction continuât à dépendre de la baisse du
taux de l'intérêt, on pourrait stipuler que lorsque le
taux moyen des effets publics aurait dépassé le pair
pendant quatre ou cinq ans, une réduction égale à un
dixième du montant de l'annuité primitive aurait lieu
de droit. Si l'on objectait que ce système aurait pour
effet de déprécier la valeur des effets publics, lorsqu'une fois ils attendraient le pair, je répondrais que
le même inconvénient existe dans le système actuel,
et que de plus, cette dépréciation est indéfinie,

comme celle de la lutte engagée entre le gouverne
ment et les rentiers, sur la question même du remboursement.

Ou bien encore on pourrait introduire une base
fixe de réduction à la place de celle déterminée d'une
manière tout à fait aléatoire, par les variations du
taux de l'intérêt. On pourrait stipuler que les annuités aujourd'hui soumises à la faculté du remboursement au pair, seront périodiquement réduites
toutes les vingt années du dixième de leur valeur
actuelle; en sorte qu'elles se trouveraient complète-
ment annulées au bout de deux cents ans. Ou bien
enfin on pourrait décider que la réduction serait
chaque fois d'un dixième de la valeur réduite, ce
qui serait une fiche de consolation pour ceux qui
veulent absolument conserver des annuités perpétuelles (1).

On peut du reste imaginer une infinité de combinaisons différentes pour atteindre le but que j'indi-
que. L'essentiel est de substituer des conditions claires
et précises à celles singulièrement incommodes et
embarassantes attachées à l'opération du remboursement au pair. Il importe de remarquer que l'introduction de ces conditions ne blesserait en aucune
manière les droits des rentiers réduits, puisque,

(1) Dans ce système les valeurs décroissantes de l'annuité sont pour
chacune des dix premières réductions, 0, 90. — 0, 81. — 0, 75. — 0, 65.
— 0, 59. — 0, 53. — 0, 48. — 0, 43. — 0, 59. — 0, 85. de la valeur primitive, et ainsi de suite.

cette fois, en vertu du contrat qu'on suppose exister entre eux et le gouvernement, et qui les a soumis aux inconvénients, comme il leur assure les avantages du remboursement, l'option leur serait laissée ou de prendre ce remboursement, ou d'accepter les condions nouvelles qu'on leur propose. Moyennant l'offre de cette option, le gouvernement est tout à fait maître de donner à l'annuité nouvelle, qu'il offre en échange de l'ancienne, le caractère qu'il juge le plus convenable au besoin du crédit public et à l'intérêt général. Quand bien même on repousserait toute similitude entre l'opération du remboursement au pair et la réduction, il n'en est pas moins vrai, qu'en usant des droits que lui confère cette opération elle-même, le gouvernement aurait incontestablement la faculté de substituer des annuités quelconques, et en particulier des rentes réductibles à celles prétendues perpétuelles qui existent aujourd'hui, puisqu'il le ferait avec le consentement des rentiers.

Si l'on veut franchement faire de l'opération du remboursement la seule chose qu'elle doive être, c'est-à-dire un moyen de régulariser la réduction des annuités de l'état; si l'on veut soumettre cette réduction à une marche fixe et déterminée, à des conditions certaines qui préviennent le retour d'une stagnation pareille à celle qui existe dans le crédit public français depuis douze années, et la possibilité

d'une crise comme celle que l'on n'a cessé d'appré
hender depuis qu'on est dans l'attente du remboursement; si, d'ailleurs, on fixe ces conditions avec une
grande modération, de manière à ménager la posi-
tion des rentiers réduits; il me semble que la conci-
liation s'établira d'elle-même entre les partisans
et les adversaires de la mesure. Les rentiers ne
pourront pas prétendre que leur existence se
trouve dérangée par la suppression d'une portion
minime de leurs revenus, renouvelée à des inter-
valles fort éloignés. Les annuités nouvelles offri-
ront, sous le rapport de la fixité, plus d'avantages encore que les actions des entreprises industrielles, concédées pour quatre-vingt-dix-neuf
années au plus, et qui cependant sont fort recher-
chées. En général, on doit remarquer que depuis
quelques années le public montre beaucoup plus de
prédilection qu'autrefois pour les annuités à terme.
En Angleterre notamment, où la loi autorise la conversion des annuités perpétuelles de la dette en annuités viagères, on a fait depuis 1850 un usage assez
fréquent de cette faculté très-négligée auparavant.
La faveur accordée aux actions industrielles dont je
parlais tout à l'heure est une autre preuve de ce
changement opéré dans l'esprit public. D'ailleurs
des annuités soumises à une décroissance aussi
lente que celle que je suppose n'offriraient pas,
sous le rapport de la facilité de négociation, de diffé-

rence essentielle avec des annuités perpétuelles ; et cependant elles assigneraient un terme précis à la durée des engagements de l'état ; elles assureraient leur liquidation graduelle et empêcheraient leur accumulation indéfinie.

Ainsi l'aversion témoignée par le public contre les annuités à terme, aversion déjà fort affaiblie, ne s'attacherait pas aux nouveaux titres de crédit substitués aux rentes perpétuelles ; et les motifs qui avaient obligé à dissimuler la condition de réduction, sous le voile du remboursement au pair, permettraient de proclamer franchement cette condition , qui serait d'ailleurs renfermée dans de sages limites.

C'est seulement pour introduire cette modification dans la constitution du crédit public, que j'admets l'utilité de l'opération actuellement pendante du remboursement. Car pour ce qui est de l'opération en elle-même, et de son admission comme élément permanent et définitif de notre système financier, je la repousse de toutes mes forces. J'ai tout à l'heure sommairement indiqué les motifs de mon opinion ; on les trouvera plus complétement développés dans la note jointe à ces observations, et où se trouve examiné dans ses détails le mécanisme du *remboursement au pair*.

NOTE I.

SUR

LE MÉCANISME DU REMBOURSEMENT AU PAIR (1).

C'est le principe même du système de *remboursement au pair*, considéré d'une manière tout à fait abstraite et générale, que je me propose d'apprécier ici, sans m'occuper de l'opération particulière dont il est actuellement question pour la France. Afin d'arriver ensuite à celle-ci avec plus d'avantage, je veux momentanément la laisser à l'écart. Je suppose que nous assistions à la fondation d'un système de crédit public, et je recherche s'il est convenable d'y introduire le principe du remboursement au pair, ou s'il vaut mieux renoncer à cette faculté. C'est dans ce degré de généralité que je considère la question, et c'est un moyen, il me semble, de la traiter avec plus de calme et d'impartialité.

Parmi les raisons qui doivent déterminer le rejet ou l'adoption d'un mode quelconque d'extinction de la dette publique, on ne doit admettre qu'avec infiniment de précautions, la considération des avantages particuliers que ce mode stipule, en faveur, soit de la partie débitrice, soit de la partie créancière, de l'état ou des rentiers. Le prêteur, agissant en connaissance de cause, aussi bien que l'emprunteur, l'un et l'autre ne manqueront pas de compenser par

---

(1) Cette note avait été écrite en 1829 à l'occasion des projets de remboursement qui se débattaient à cette époque. Je me décide à la publier parce qu'elle s'applique également bien à la discussion engagée aujourd'hui.

les autres conditions du contrat ce que celles du remboursement peuvent avoir de défavorable à l'un ou à l'autre.

J'avais besoin d'établir nettement ce principe avant
de passer à l'appréciation des effets du système de remboursement au pair. En effet, ceux qui défendent ce système, le
font en général, parce qu'ils sont frappés de la clause avantageuse qu'il stipule en faveur de l'état, en lui permettant de réduire l'annuité payée aux créanciers, lorsque le taux général
de l'intérêt aura baissé sur le marché. Sans doute cette sti-
pulation est favorable à l'état, il est impossible de le mé-
connaître. Mais croit-on qu'elle n'ait pas sa compensation
dans les autres clauses du marché? Croit-on que l'état ne
soit pas obligé d'ajouter quelque chose à l'annuité qu'il paie
immédiatement à ses prêteurs pour les indemniser de ce qu'il
leur retranchera dans l'avenir? Quel capitaliste, en contrac-
tant avec l'état, ne saura pas faire la différence d'une rente
remboursable au pair, avec une rente perpétuelle? On a toujours devant les yeux, en raisonnant sur ce sujet, les emprunts contractés en France après l'invasion de notre terri-
toire; et on prétend, avec raison, que les capitalistes, en
souscrivant des emprunts à 58 francs, ne faisaient guère entrer en ligne de compte la faculté ou la non-faculté du remboursement. L'observation est juste, quant à cet exemple
particulier; mais est-ce sur un exemple pris dans des circonstances aussi extraordinaires, qu'on peut baser une assertion
générale? Croit-on qu'il en fût de même aujourd'hui, et que
si un emprunt venait à être contracté, la réserve du remboursement au pair ne se payât pas? Ceci cependant n'est
encore qu'une conjecture. Eh bien ! j'en appelle à l'expérience,
à une expérience faite en grand. D'après les relevés présentés
par le docteur Hamilton (1), dans les vingt années de 1792

____

(1) *An inquiry concerning the rise, etc., of the national debt of great*

à 1813, le gouvernement anglais a emprunté 158 millions de livres sterling en 3 p. 100, et 58 millions en 5 p. 100. Ceux-ci furent négociés avec une perte moyenne de 8 p. 100 sur le prix des premiers, parce qu'atteignant le pair beaucoup plus tôt, ils soumettaient les détenteurs à un remboursement, et par conséquent à une réduction d'intérêts plus rapprochés. Ces 5 p. 100 furent réduits en 1822 à quatre 1/5 p. 100; ce qui fait une réduction de 16 p. 100 sur la valeur de l'annuité. Or, si l'on suppose que les 5 p. 100 avaient été empruntés dans l'année 1802, terme moyen entre 1792 et 1813; si l'on escompte à cette époque la valeur de la réduction de 16 pour 100 opérée par l'état, en 1822, sur les intérêts payés aux rentiers; si l'on escompte en même temps la valeur de la *prime* supplémentaire de 8 p. 100 qu'il a été obligé de leur payer pendant vingt ans, de 1802 à 1822, on verra que les deux sommes s'équilibrent presque exactement, et que le marché fait par l'état, en se réservant la faculté d'un remboursement prochain, ne lui a été, en définitive, ni plus ni moins avantageuse que s'il eût simplement négocié des rentes perpétuelles. Cette concordance parfaite que nous trouvons ici n'a certainement pas grande importance, en tant qu'elle s'applique à un exemple isolé; elle n'est ici qu'un effet du hasard. Presque toujours la clause du remboursement au pair donnera un résultat favorable à l'une des parties, tantôt à l'une, tantôt à l'autre. Mais si l'on prend la moyenne de ces résultats opposés, on trouvera, sans aucun doute, que la prime payée par l'état aux rentiers, pour se réserver la faculté de les rembourser au pair, compense exactement la réduction ultérieure qu'il leur fait éprouver par ce remboursement.

Ainsi, la considération d'un avantage *financier* ne saurait

<hr>

britain. *By Robert Hamilton*, part. 5. chap. 6. L'ouvrage a été traduit en français.

trouver place parmi les motifs qui militent en faveur de l'introduction dans notre système de crédit public du remboursement au pair. Cet avantage, je le répète, est, en général illusoire ; tout ce que l'état gagne par la réduction ultérieure, il le perd par l'augmentation immédiate de l'intérêt à laquelle il doit se soumettre en se réservant le remboursement au pair. L'état pourra sans doute, après vingt, trente ou quarante ans, réduire la somme annuelle des intérêts de 100 millions à 80 millions ; mais pour obtenir cet avantage, il aura dù payer d'abord pendant vingt, trente ou quarante ans, 100 millions au lieu de 90 millions, dont les prêteurs se fussent contentés s'ils n'avaient pas eu en perspective la réduction.

En l'absence de considérations purement financières, quels motifs pourraient donc faire adopter le système de remboursement au pair de préférence à tout autre? Ceux-là seulement qui résultent de son action *morale*, de son action *politique* sur la société. Examinons-le sous ce rapport.

Une rente *remboursable au pair* n'est au fond qu'une *rente réductible à une certaine époque, selon la marche du taux de l'intérêt, et dans une certaine proportion qui reste indéterminée*. En effet, dans ce système l'offre du remboursement n'est en réalité qu'une affaire de forme ; elle n'est jamais faite que dans des circonstances où il est impossible qu'elle soit acceptée : le gouvernement n'offre l'alternative du remboursement ou de la réduction, que parce qu'il sait qu'en raison du taux actuel de l'intérêt, on se soumettra de préférence à la réduction. Une rente remboursable au pair n'est donc au fond qu'une annuité réductible ; de plus, l'époque, le taux de la réduction ne sont pas précisés. On ne contestera donc pas l'exactitude de la définition que j'ai donnée ci-dessus.

Cela étant, il y a lieu de se demander si l'institution d'une masse de rentes publiques, qui *consiste en annuités réductibles à une époque indéterminée et dans une proportion indéterminée*, présente de grands avantages sous le rapport moral et politique?

Pour répondre convenablement à cette question, je dois d'abord faire remarquer que toute annuité, dans laquelle une portion du principal est payée annuellement avec l'intérêt, et qui par conséquent tend à s'éteindre après un certain laps de temps, a le désavantage de rendre difficile d'abord la distinction, ensuite le placement de cette portion de capital remboursée avec l'intérêt. Elle expose le capitaliste à dépenser à son insu, et sans le remarquer, le fonds avec le revenu. Aussi de pareilles annuités parce qu'elles sont contraires aux habitudes d'économie, généralement prévalantes dans la société, n'ont jamais pu trouver de faveur sur le marché; et et les preuves de ce fait sont abondantes.

« Pendant le cours des deux guerres qui ont commencé en
» 1739 et en 1745, dit Adam Smith, on emprunta peu sur
» annuités à termes, ou sur annuités viagères. Une annuité
» de 98 ou 99 années vaut à peu près autant d'argent qu'une
» annuité perpétuelle, et devrait être, à ce qu'il semble d'a
» bord, un moyen pour emprunter à peu près autant. Mais
» ceux qui achètent des effets publics, dans la vue d'assurer
» des établissements à leur famille, et de faire un placement
» pour la postérité la plus reculée ne se soucieraient guère de
» placer leur argent dans un effet dont la valeur va toujours
» en diminuant. Et les personnes de cette espèce font une
» portion très-considérable des propriétaires de fonds pu
» blics. Ainsi, quoique une annuité pour un long terme d'an
» nées ait, à très peu de choses près, la même valeur intrin
» sèquemment qu'une annuité perpétuelle, cependant elle ne
» trouve pas, à beaucoup près, le même nombre d'acheteurs.
» Ceux qui souscrivent pour un nouvel emprunt du gouver-

» nement songent en général , à revendre le plus tôt possible
» leurs souscriptions , et préfèrent de beaucoup une annuité
» perpétuelle , rachetable par l'amortissement, à une annuité
» de même valeur remboursable à termes fixes. La valeur de
» la première peut être considérée comme étant la même en
» tout temps; et par conséquent, comme effet négociable et
» transmissible, elle est plus commode que l'autre (1). »

Lorsqu'en 1817, on s'occupa de reconstituer en France le système de crédit public, il fut proposé de créer , au lieu de rentes perpétuelles , des rentes remboursables partiellement et à termes fixes. Un honorable banquier , dont les opinions eurent une si grande influence sur les déterminations financières prises à cette époque , repoussa la proposition.
« Je répondrai d'abord , dit-il que ces nouvelles valeurs
» ne sont pas dans les habitudes des capitalistes , et qu'ils
» n'engageraient probablement pas leurs capitaux sur les
» titres qu'on propose de leur offrir. Un emprunt rem-
» boursable à terme présente moins de motifs de confiance
» que des rentes perpétuelles. Lorsqu'il s'agit de livrer de
» grands capitaux, on veut que les titres qui les représentent
» soient constamment réalisables; on ne veut pas s'exposer
» à les voir en quelque sorte immobilisés , en acceptant des
» titres nouveaux , dont la négociation pourrait n'être pas
» aussi facile, aussi régulière. C'est donc d'après de mûres
» réflexions, et après avoir consulté les personnes les plus
» versées dans les grandes opérations, que le gouvernement
» s'est décidé pour le mode qu'il vous propose. Je ne crains
» pas de le dire, tout autre mode n'obtiendrait pas de succès;
» et vous mettriez le sort de l'état en question, si vous vous
» décidiez à en faire l'épreuve. (2) »

(1) *Richesses des nations,* liv. 5, chap. 3.
(2) *Moniteur* du 5 mars 1817.

En Angleterre, on a constamment cherché à émettre des annuités à terme et à vie, au lieu de rentes perpétuelles. Il y a même une loi qui autorise les commissaires pour l'amortissement à transférer en tout temps des annuités à vie, en échange d'annuités perpétuelles : l'accroissement d'intérêt qui résulte naturellement de cette opération, est pris sur le fonds d'amortissement.

Quoique les termes de la conversion fussent extrêmement favorables aux porteurs de rentes, tellement même que le comité de finances de l'année dernière s'est cru obligé de les modifier, cependant le public n'a presque point fait usage de cette faculté (1). Et à la dernière session du parlement la proposition ayant été faite d'employer entièrement le fonds d'amortissement à la création d'annuités à terme, en échange d'annuités perpétuelles, M. Herries, ancien chancelier de l'échiquier, fit observer : « Que dans son opinion cet arrangement pourrait difficilement avoir lieu, parce que des annuités à terme n'étaient pas une valeur marchande. Pendant ces trente dernières années le gouvernement avait fait tous ses efforts pour en introduire l'usage, et cependant elles n'avaient jamais pu entrer qu'en très-petites quantités dans les grandes opérations financières. Toutes les fois qu'on avait voulu les jeter sur le marché, on avait trouvé qu'elles réussissaient mal, et qu'il valait mieux emprunter d'une autre manière. C'était là ce qui avait déterminé le comité à s'opposer au système proposé, quoiqu'il fût au fond très-porté pour la création d'annuités à vie, si elles pouvaient se négocier à un taux équitable (2). »

La bourse de Paris a offert dernièrement encore un exem-

(1) *N. B.* Il paraît qu'il s'est opéré depuis six ans un changement remarquable dans les dispositions du public anglais, et que depuis lors beaucoup d'annuités viagères se sont négociées.

(2) *Times* du 14 juillet 1838.

ple frappant de la défaveur attachée aux annuités à terme. De pareilles annuités étaient annexées aux actions du canal de Bourgogne ; ces actions circulaient mal. Une compagnie se chargea de payer aux porteurs le montant de l'intérêt annuel, en capitalisant pour eux la portion du principal remboursé annuellement, qu'elle leur distribue au moyen de tirages semestriels. Cette opération, qui ne changeait rien à la valeur intrinsèque des actions, en éleva cependant le prix d'une manière notable sur le marché, parce qu'elle en rendit la négociation plus facile.

Ceci est donc un fait sur lequel on ne peut conserver aucun doute ; le public a témoigné jusqu'ici une prédilection marquée pour les annuités perpétuelles ; ce sont les seules qui aient satisfait pleinement aux besoins des capitalistes.

Mais si des annuités à terme, dans lesquelles l'époque de l'extinction est fixée, présentent des inconvénients si graves, sont tellement contraires à l'esprit d'économie et de prévoyance, que leur circulation n'a jamais pu recevoir un développement de grande importance, pense-t-on qu'une masse *d'annuités réductibles, dans lesquelles ni l'époque ni le taux de la réduction ne sont déterminés*, c'est-à-dire, une masse de rentes remboursables au pair, soit une création beaucoup plus favorable aux intérêts moraux et politiques de la société ? pense-t-on qu'elle doive satisfaire beaucoup mieux aux besoins et aux goûts des capitalistes ?

Combien de fois, dans l'espace d'un siècle, de 1730 à 1830, a-t-on fait usage en Angleterre de la faculté du remboursement au pair ? On ne peut citer que deux opérations de quelque importance. Une réduction, en 1749, supprima la onzième partie de l'intérêt de la dette ; une autre réduction, en 1822, en supprima la vingt-cinquième partie (¹).

(¹) En 1749, lors de la première réduction, la dette anglaise était de 76 mil-

Il faut reconnaître que si le remboursement au pair a été admis dans le système financier anglais, c'est qu'il a pu y figurer plus de nom que de fait; c'est qu'il contenait en lui-même sa négation. Afin de rassurer les esprits, effrayés de l'accumulation de la dette, on stipulait la faculté de remboursement au pair; mais en même temps on s'arrangeait pour tempérer et éloigner l'effet de cette réserve. Quand l'intérêt était à 5, à 4 p. 100, on créait des annuités à 3 p. 100, et, en reculant ainsi bien loin avec le taux du pair l'époque du remboursement, on déterminait les prêteurs à accepter une clause à laquelle ils n'eussent autrement pas consenti. Il est tellement vrai qu'on a toujours cherché à éluder la clause de la réduction, en élevant le taux du pair, qu'on n'a jamais seulement songé à déterminer à l'avance la quotité de cette réduction.

Je reviens à la question que j'avais posée tout-à-l'heure. Pense-t-on *qu'une masse d'annuités réductibles, dans lesquelles ni le taux ni l'époque de la réduction ne sont déterminés,* soit une création très-favorable aux intérêts moraux et politiques de la société?

Sans doute une rente successivement réductible, à des termes distants et par degrés insensibles, est préférable à une annuité à terme qui s'éteint brusquement; elle répond beau-

lions de liv. sterl.; la portion soumise à la réduction, consistant en rentes 4 p. 100, s'élevait à 57 millions, à peu près aux trois-quarts du total. La réduction sur ces trois-quarts fut d'un demi pour cent pour les huit premières années; soit un huitième de l'annuité; et par conséquent elle supprima un huitième des trois-quarts, soit un onzième de la dette totale.

En 1822, la somme des annuités 5 p. 100 remboursées s'élevait à 7,200,000 liv. sterl.; l'intérêt total de la dette à 50 millions. La réduction fut de 5 à 4 1/3; c'est-à-dire de 4/25 de l'annuité, ou de 1/25 de la somme totale des rentes.

* Depuis que cette note a été écrite, les Anglais ont effectué en 1830 la conversion de leurs fonds 4 p. 100, en 3 1/2 p. 100. L'opération a porté sur un capital à peu près égal à celui des fonds convertis en 1822.

coup mieux aux besoins des capitalistes, parce qu'elle se rap-
proche davantage de la nature d'une annuité perpétuelle ;
mais l'indétermination de l'époque et du taux de la réduction sont des circonstances extrêmement fâcheuses. Dans une
annuité à terme, le propriétaire peut connaître, s'il le veut,
la portion de capital qui lui est annuellement remboursée ; et
en la plaçant, s'il le peut, à intérêt composé, il se reconsti-
tuera par degrés un revenu équivalent à celui qu'il perdra
par l'extinction de l'annuité. Dans une rente réductible au
pair, une portion du principal est aussi annuellement remboursée au rentier. C'est cette *prime* dont j'ai parlé, que
l'État lui paie en compensation de la réduction qu'il lui fera
éprouver plus tard. Mais dans un contrat où tout est aléatoire, comment le rentier déterminera-t-il la portion de
rente annuelle qu'il doit mettre en réserve et capitaliser, pour
faire face à une réduction future, dont l'époque, le taux, lui
sont également inconnus? Le rentier se doute-t-il seulement
que le gouvernement lui rembourse chaque année une certaine portion du capital avec l'intérêt, et qu'il doit mettre à
part et replacer cette portion, pour reconstituer le revenu
dont la réduction le privera plus tard? Tant de calculs, de
combinaisons, de prévoyance, sont bien au-dessus de la por-
tée de la plupart des hommes ; et lorsque la réduction ar-
rive, elle prend le rentier au dépourvu avant qu'il ait avisé aux
moyens de réparer la brèche qui va être faite à sa fortune.
Si le taux de la réduction est considérable, si elle porte sur
la plus grande portion de la dette publique, qu'on songe quelle
commotion cette cessation subite d'un vaste revenu causera
dans la société. Il n'y a là, sans doute, aucune destruction du
revenu national ; les contribuables gardent ce que les rentiers
touchaient auparavant : mais une multitude de rapports seront
altérés ; la production, le commerce devront éprouver dans
leurs cours un dérangement considérable, et avant que tout

soit remis en équilibre, de vives souffrances auront été éprouvées.

Cependant le rentier, qui n'a pas eu assez de prévoyance pour combler par une sage accumulation le déficit qu'il va éprouver dans son revenu, lorsqu'il voit l'heure fatale arriver, cherchera à réparer l'effet de sa négligence par un zèle brusque et tardif. Il vivait inactif sur les intérêts de son capital; pour maintenir son revenu au même niveau, il veut exploiter lui-même ce capital : il entre dans la carrière industrielle sans avoir acquis les connaissances qui pourraient assurer son succès. De là de tristes mécomptes, et de funestes catastrophes.

Au nombre des causes qui, en 1825, amenèrent une production désordonnée, et par suite un grand désastre en France et en Angleterre, j'ai entendu souvent compter, et avec raison, les réductions et tentatives de réductions de rentes sur l'État opérées dans les deux pays.

Mais là ne s'arrêtent pas encore les inconvénients du système de remboursement au pair.

Nous l'avons déjà dit, en se réservant la faculté du remboursement au pair, c'est à la réduction que le gouvernement veut arriver. Si la réduction ne devait pas être acceptée par les rentiers, le remboursement en lui-même serait impraticable; car il est impossible d'admettre que l'état puisse trouver de nouveaux prêteurs pour des sommes aussi colossales, à des conditions que repousseraient ses anciens créanciers; et qu'en aucun cas il puisse surgir tout à coup dans la société un nombre suffisant de capitalistes prêts à se substituer incessamment à la place des anciens créanciers de l'état, tandis que ceux-ci iront reprendre la place des premiers dans les ateliers de l'industrie. Ainsi, tout le succès de l'opération du remboursement au pair repose sur la condition que ce remboursement n'aura pas lieu, qu'un si énorme déclassement de capitaux ne s'effectuera pas; et, sous le voile du remboursement, c'est à la réduction qu'on a visé.

Mais réduction est un mot qui sonne mal; et quoique la chose en elle-même n'ait rien que d'équitable pourvu qu'elle soit convenue à l'avance, on a craint, en l'avouant d'une manière formelle, d'effaroucher les rentiers. On a espéré, en se servant du mot de remboursement, leur faire prendre le change sur la véritable nature de la clause à laquelle ils se soumettaient.

Qu'en résulte-t-il? La réduction est réellement obligatoire pour les rentiers; c'est à quoi, en définitive, ils devront se résigner. Et cependant, avant que cette obligation soit reconnue et accomplie par eux, il faut que le gouvernement commence par employer un moyen de contrainte, une menace de remboursement. Tout le monde sait que ce remboursement n'aura pas lieu, qu'il n'est rien qu'un épouvantail; les rentiers en sont convaincus aussi bien que le gouvernement; et cependant ce remboursement, qui ne doit jamais être réellement effectué, il faut en faire les apprêts, il faut en subir la dépense, précisément comme s'il devait se réaliser. C'est à cette condition seule que l'on peut forcer le consentement des rentiers.

Lorsqu'en 1823, les députés des cortès s'enfermèrent dans Cadix avec leur monarque captif, ils savaient bien que les Français ne se retireraient pas sans obtenir la délivrance de Ferdinand; ils savaient aussi qu'une longue résistance était impossible, et qu'avant peu il faudrait subir les conditions du vainqueur. Mais lorsqu'on peut reculer, pourquoi hâter l'instant de la défaite? Ne fût-ce que pour l'honneur, il faut faire bonne contenance jusqu'au dernier instant; et qui sait d'ailleurs si quelque miracle ne viendra pas nous sauver?... On se tient

donc renfermé derrière les remparts de Cadix, on laisse l'ennemi dresser ses batteries, creuser ses tranchées; et, lorsque les canons sont pointés, que la brèche va s'ouvrir, alors
on arbore le pavillon blanc, on accorde à la force ce qu'on a
refusé d'abord aux sommations. N'est-ce pas là une fidèle
image de la petite guerre du remboursement? Les rentiers
savent que la réduction est au fond ce qu'on prétend leur
imposer; ils savent aussi qu'un peu plus tôt, un peu plus
tard, force à eux sera de s'y soumettre, et ils ne seraient pas
éloignés de s'y prêter de bonne grâce. Mais puisque la loi
permet de tenter la résistance sans qu'il en coûte rien, pourquoi ne pas l'essayer? On ne peut rien perdre à attendre, et
on peut tout gagner : on se retranche donc derrière la demande du remboursement. Alors commence un siége en règle:
le ban et l'arrière-ban de la milice financière sont convoqués;
le taux des effets publics est soutenu et haussé sur tous les
marchés de l'Europe, comme un mur de circonvallation élevé
autour des rentiers; les éclaireurs sont en campagne pour observer le champ de la politique : car si quelque bruit fâcheux,
si quelque nouvel emprunt faisait fléchir quelque part le taux
des fonds publics, c'est une brèche au mur de circonvallation ; le rentier s'échappe, les assiégeants ont perdu le fruit
de leurs travaux. Mais enfin si rien n'est venu troubler leurs
opérations, quand tout est prêt pour l'assaut, c'est-à-dire ,
quand on va signifier le remboursement, alors les rentiers
baissent pavillon, et se soumettent paisiblement à la réduction, contents d'avoir fait payer chèrement à l'ennemi l'honneur de la victoire : car il est bon de le dire, cette guerre fort
innocente ne laisse pas d'être assez coûteuse. Nous avons dé-
pensé 400 millions dans la guerre d'Espagne, 30 millions
dans la campagne de Morée, 35 millions étaient demandés
pour la prochaine guerre du remboursement.

Je me résume. Si l'on veut absolument indroduire dans

l'institution du crédit public le système de la réduction, du moins faut-il choisir des combinaisons plus simples, et plus commodes et moins dangereuses que celles du remboursement au pair. — Il faut fixer à l'avance, d'une manière claire et précise, le mode de décroissance des annuités.

NOTE II.

LES EFFETS DE L'AMORTISSEMENT.

L'amortissement impose à l'état, en faveur des possesseurs d'effets publics, des sacrifices énormes et certainement fort supérieurs à ce qu'on suppose communément; on a prétendu, il est vrai, limiter ces sacrifices, en ordonnant que les rachats cesseraient d'avoir lieu au-dessus du pair. Mais comme s'il était dit, qu'en fait de crédit public on ne doit jamais entrer dans un système de vérité, on a fait du taux du *pair* quelque chose *d'arbitraire*, de *fictif*, de *nominal*, que l'on a déterminé de manière à éluder la règle qu'on venait de poser. Ainsi, quand il s'agit de rentes 5 p. 100, le *pair* veut dire 100 fr. de capital pour 5 fr. de rente, soit 20 fr. de capital pour 1 fr. de rente. Mais ce qui était le pair pour le 5 p. 100 ne l'est plus pour le 4 p. 100. Dans ce cas, le pair signifie 100 fr. de capital pour 4 fr. de rente, soit 25 fr. de capital pour 1 fr. de rente; de même, en prenant du 3 p. 100, le pair devient 33 fr. 33 c. de capital pour 1 fr. de rente. Ainsi tandis qu'on recule devant l'idée de racheter 5 fr. de rente en 5 p. 100, à raison de 100 f. 5 c.; on trouve bon de payer 125 f. ces mêmes 5 fr., pourvu qu'ils s'appellent du 4 p. 100, et 166 fr. 66 c. pourvu qu'ils s'appellent du 3 p. 100.

Grace à ces subtilités, voici quel est le résultat de la balance entre les aliénations et les rachats de rente effectués depuis 1830 jusqu'au 1er janvier 1837.

L'état a négocié, le 19 avril 1831,

7, 142, 858 fr. de rente 5 p. 100 à 84 fr. qui ont produit... . 120, 000, 000 fr.

Et le 8 août 1832,

7, 614, 213 fr. de rente 5 p. 100, à 98 fr. 50 qui ont produit. . 150, 000, 000

14, 757, 071 fr. de rente, qui, au taux moyen de 91, 48, ont produit 270, 000, 000

D'un autre côté, du premier janvier 1830 au premier janvier 1837, l'état a racheté :

7, 490, 871	fr. rentes 5 p. 100 qui ont coûté	159, 813, 379, 53 fr.
126, 284,	4 1|2	2, 657, 822, 73
534, 248,	4	11, 817, 825, 28
8, 842, 625,	5	218, 519, 657, 82
16, 994, 028	fr. rentes de toute espèce qui ont coûté	572, 788, 665, 58 fr.

Les rentes rachetées depuis 1830 jusqu'au premier janvier 1837, ont donc coûté, à très peu près, 22 fr. pour 1 fr. de rente ; soit 110 fr. pour 5 fr. de rente.

Ainsi l'état a racheté 16,994,000 fr., de rente, à 110 fr.

Et il a vendu 14,757,000 fr., de rente, à 91 fr. 48 c.

Différence, 18 fr. 52 c.

En sorte que sur toute la somme aliénée il a perdu pour chaque, 5 fr. de rente, 18, fr. 52 c.; soit sur 14,757,000 fr. de rente, 54,600,900 fr.

Telle est la prime payée depuis 1830, par l'état, aux capitalistes détenteurs de rentes, par suite du jeu de l'amortissement.

Sans doute, la prévision de ce bénéfice a contribué à élever le taux des rentes au moment des négociations, et a procuré à l'état des conditions meilleures que celles qu'il eut autrement obtenues. On peut affirmer cependant que cet avantage est loin de compenser la perte que les rachats de l'amortissement ont causée à l'état, et que les sacrifices qu'il s'im-

pose par suite de ce système sont des sacrifices à peu près
en pure perte, et dont il ne lui est pas tenu compte.

En Angleterre le comité d'enquête, institué en 1826, con-
stata que, depuis 1817 jusqu'à 1825, le maintien de l'amortissement, et la différence entre le taux de négociation des
rentes vendues, et le taux de rachat des rentes amorties, avait
imposé à l'état une charge annuelle de 49,900,000 fr. en
rente. (Voyez l'ouvrage de M. Bailly, sur les finances du
Royaume-Uni). Il n'est pas étonnant qu'un pareil résultat ait
déterminé les Anglais à réduire l'amortissement à l'excédant
réel des recettes sur les dépenses.

www.ingramcontent.com/pod-product-compliance
Lightning Source LLC
Chambersburg PA
CBHW051331060726
47596CB00004B/1563